I0000808

CONGRÈS

DE LA

FÉDÉRATION NATIONALE DES BOURSES DU TRAVAIL

Tenu à Lyon les 24, 25, 26, 27 t 28 juin 1894

RAPPORT

Des citoyens BOUSQUET et ESCACH

Délégués de la Bourse du Travail de Toulouse

184

9.

TOULOUSE

IMPRIMERIE G. BERTHOUMIEU

20, RUE DE LA COLOMBETTE, 20

1894

CONGRÈS

DE LA

FÉDÉRATION NATIONALE DES BOURSES DU TRAVAIL

Tenu à Lyon les 24, 25, 26, 27 et 28 juin 1894

————◆————

RAPPORT

Des citoyens BOUSQUET et ESCACH

Délégués de la Bourse du Travail de Toulouse

———————

TOULOUSE

IMPRIMERIE G. BERTHOUMIEU

20, RUE DE LA COLOMBETTE, 20

—

1894

CONGRÈS DE LA FÉDÉRATION NATIONALE

DES BOURSES DU TRAVAIL

Tenu à Lyon les 24, 25, 26, 27 et 28 juin 1894

Sont représentées les Bourses de Travail de :

Saint-Etienne	TARDY.
Grenoble	GÉRARD.
Béziers	GELLY.
Bordeaux	NOEL.
Dijon	MARPEAUX.
Montpellier	COMBES.
Saint-Nazaire	DELOCHE.
Boulogne-sur-Seine.	COFFIN.
Besançon	NAUDOT.
Narbonne	CORDIER.
Perpignan	BLANC.
Toulon.............	E. BONNET.
Cognac.............	ROCHE.
Nice	MARTIN.
Paris	MARTIN.
Beauvais..........	BERNARD.
Cholet	DUBOIS.
Marseille	CHAPPE et VALLIER.
Roanne	MAYEUX.
Alger.............	SOULERY.
Toulouse...........	BOUSQUET et ESCACH.
Nîmes.............	ANDIGHON.
Boulogne-sur-Mer ..	GUIAT.
Nantes	COLOMBE.
Saumur	BOUSQUET.
Rennes............	CANTAN.
Angers............	YVAN.
Lyon.............	FARJAT et RENARD.
Le Puy	SABATIER.
Tours	POMMIER.
Aix	MARROT.

CONGRÈS DE LA FÉDÉRATION NATIONALE

DES BOURSES DU TRAVAIL

Tenu à Lyon les 24, 25, 26, 27 et 28 juin 1894

RAPPORT

Des citoyens ESCACH et BOUSQUET

Délégués de la Bourse du Travail de Toulouse

CITOYENS,

Les différentes questions portées à l'ordre du jour de ce Congrès n'ayant pas été discutées et notre mandat bien défini, nous venons par ce Rapport vous remercier d'abord de l'honneur que vous nous avez fait en nous choisissant pour représenter la Bourse de Toulouse à ces assises du travail et vous donner un compte rendu fidèle de nos votes et de notre attitude à ce Congrès qui, comme celui de Paris l'année dernière, aura comme anniversaire une date mémorable.

L'année dernière, nous arrivions à Paris au moment où la capitale était mise en révolution par des bandes de policiers et de mouchards, au moment où le chef du gouvernement français violait la Maison des travailleurs en faisant envahir par l'armée la Bourse du Travail de Paris.

Cette année, le lendemain de notre arrivée à Lyon,

un anarchiste, un fou, ou peut-être autre chose, assassinait lâchement le président de la République Carnot.

Par un contraste étrange, ces deux grandes réunions de citoyens venant de tous côtés représenter les travailleurs de France se sont trouvées à discuter leurs droits, leurs intérêts à des époques troublées, avec un calme et une dignité dont le retentissement est allé se répercuter jusque dans les pays les plus reculés. Et si aujourd'hui nous vous avons convoqués en aussi grand nombre, ce n'est pas pour rechercher une satisfaction personnelle, mais bien pour accomplir un devoir, un mandat que nous considérons comme sacré.

Nous avons pris l'engagement d'honneur, à ce Congrès, de propager ses décisions par tous les moyens possibles auprès des camarades avec qui nous sommes en relations. C'est qu'en effet ces résolutions sont tellement importantes que nous avons la conviction qu'elles auront un poids considérable, qu'elles marqueront le commencement d'une ère nouvelle dans l'organisation du prolétariat, et nous pouvons affirmer sans crainte qu'elles seront les prémices de la grande victoire des malheureux sur les exploiteurs dans cette grande bataille de la lutte pour l'existence.

Jusqu'à ce jour, toutes ces nombreuses organisations syndicales étaient isolées, seules, sans expérience, livrées à elles-mêmes dans la lutte contre le capital, lutte inégale, car le capital a devers lui comme soutien vingt siècles d'ignorance et d'oppression.

Oui, lutte inégale; d'ailleurs il n'est pas un de vous qui n'ait eu à souffrir des conséquences d'avoir voulu réclamer son droit de vivre en travaillant.

C'est qu'elles étaient jeunes, ces organisations syndicales, sans défense, obligées de lutter contre les préjugés; semblables à l'enfant qui veut commencer à marcher, elles allaient, titubant, cherchant un point d'appui, une main sûre qui pût les conduire.

Après les coups et les chutes, l'enfant est devenu homme et, grâce à ces différents Congrès, les tâtonnements vont disparaître.

Nous verrons s'avancer alors cette masse de travailleurs, unis dans le malheur, réclamant ses droits, ses libertés et sa justice ! Ah ! nous pouvons affirmer hautement qu'à partir de ce moment cette société, qui n'est fondée que sur le mensonge, l'hypocrisie et les douleurs, a ses jours bien comptés. La résistance de quelques individus sera d'autant plus facile à vaincre que notre cause est juste.

A la suite des évènements du dimanche 24 juin, nos amis lyonnais ont jugé prudent, en présence d'une foule surexcitée par le crime qui venait d'être commis, de ne pas rendre les réunions du Congrès publiques. D'un autre côté, la presse, surchargée de nouvelles, n'a pas donné de publicité à nos travaux.

Avant de commencer, nous tenons à vous faire remarquer le chemin parcouru depuis deux années. Au premier Congrès des Bourses, tenu à Saint-Etienne, dix Bourses seulement étaient représentées : Saint-Etienne, Nimes, Bordeaux, Béziers, Toulouse, Cholet, Lyon, Montpellier. Un an plus tard, au Congrès de Toulouse, vingt-quatre Bourses étaient représentées et enfin, cette année, au Congrès de Lyon, trente-deux Bourses sur quarante se sont fait représenter. Grâce à l'expérience et à l'union des travailleurs, nous sommes convaincus que l'année 1895 ce nombre sera doublé.

Nous croirions manquer à notre devoir en ne vous signalant pas l'attention toute spéciale dont vos délégués ont été l'objet, non seulement de la part des camarades lyonnais, mais encore de tous les délégués au

Congrès. Cette attention, naturellement, ne s'adressait pas à nos personnes, mais bien à la Bourse du Travail de Toulouse, dont nous étions les représentants.

C'est que, malgré toutes nos imperfections, la Bourse de Toulouse est considérée dans toute la France ouvrière comme l'avant-garde, la sentinelle avancée des organisations des travailleurs.

Bénéficiant de ces sentiments d'amitié, j'ai eu l'honneur d'être désigné pour présider la première séance du Congrès.

E. Escaich.

TRAVAUX DU CONGRÈS

PREMIÈRE SÉANCE

Lundi 25 juin, matin

La séance est ouverte à 10 heures.

Yvan, délégué par la Commission d'organisation du Congrès, ouvre la séance en souhaitant la bienvenue aux délégués des Bourses du Travail représentées.

Il constate l'empressement des Bourses à répondre à l'appel des organisateurs du troisième Congrès national et en tire bon augure, persuadé que de ces grandes assises du travail, la cause prolétarienne sortira plus forte que jamais.

Il invite ensuite l'assemblée à constituer son bureau.

L'assemblée désigne, pour diriger les débats de la séance, comme président : Escach, délégué de Toulouse; premier assesseur, Vallier, délégué de Marseille; deuxième assesseur, Mayeux, délégué de Roanne.

F. Mathieu, désigné par la Commission d'organisation du Congrès, est admis comme secrétaire pour la durée du Congrès; Farjat est désigné comme secrétaire éventuel.

Le délégué de Toulouse, Escach, accepte la présidence et remercie ses collègues; puis il invite les délégués à déposer leurs mandats et à nommer une commission de trois membres pour la vérification des pouvoirs.

Sont nommés membres de cette commission : Soulery, délégué d'Alger, Marpeaux, délégué de Dijon; E. Bonnet, délégué de Toulon.

Escach, président, fait observer que la vérification des pouvoirs ne sera pas de très longue durée, malgré le nombre de délégués, et que le Congrès pourrait entamer la discussion de l'ordre du jour pendant que la commission de vérification opèrerait son travail.

Avant de commencer la discussion, Vachon, membre de la Commission d'organisation du Congrès, demande la parole pour communiquer une lettre du syndicat des ouvriers en chaussures d'Izeaux (Isère) demandant que leur délégué, Joseph Richard, soit admis à prendre part aux travaux du Congrès.

Plusieurs délégués protestent.

E. Noël, délégué de Bordeaux, émet l'avis que les délégués de syndicats soient admis comme auditeurs.

Farjat, délégué de Lyon, fait observer que J. Richard, d'après ses explications, quoique étant délégué seulement par son syndicat, paraît vouloir représenter une Union de Syndicats et, à ce titre, prendre une part effective aux travaux du Congrès, dont l'ordre du jour comporte justement l'étude de cette question, qui viendra quatrième devant le Congrès.

Marpeaux, délégué de Dijon, demande que cette question, quoique étant inscrite avec le numéro 4 à l'ordre du jour du Congrès, soit discutée à fond immédiatement.

Un grand nombre de délégués protestent et demandent le maintien de l'ordre du jour tel qu'il a été établi par la Commission d'organisation.

Gérard, délégué de Grenoble, demande, malgré l'avis des protestataires, que l'on statue immédiatement, afin de laisser repartir de suite chez eux les délégués venus de province avec mission de représenter des syndicats isolés, si le Congrès ne juge pas à propos de les admettre à prendre part à ses travaux.

Sur la proposition du président, qui clôt l'incident, J. Richard est admis comme auditeur à suivre les travaux du Congrès.

Le président suspend la séance pendant vingt minutes et invite la commission nommée à cet effet à procéder à la vérification des pouvoirs des délégués.

La séance est reprise à 11 heures.

Le président donne lecture d'un télégramme de la Bourse du Travail d'Alger ainsi conçu :

« Alger adresse sentiments fraternels aux camarades métropolitains, souhaite que Congrès cimente union complète de tous les travailleurs.

« *Signé :* BOURSE D'ALGER. »

Soulery, délégué d'Alger, rapporteur de la commission de vérification, donne lecture des conclusions de cette commission, qui n'a pas émis d'avis au sujet des mandats confiés à Colombe; ces mandats sont au nombre de quatre, ils ont été confiés à ce citoyen par les Bourses de Travail suivantes : Nantes, Saumur, Angers, Rennes. Tous les autres délégués sont acceptés et admis définitivement à prendre part aux travaux du Congrès.

Chappe, délégué de Marseille, conteste à Colombe le droit de détenir à lui seul quatre mandats; il n'admet pas que ce citoyen ait quatre voix aux votes, alors que tous les autres délégués n'auront qu'une voix.

Colombe répond qu'il est autorisé, le cas échéant, à céder à un délégué lyonnais, nommé à cet effet, le mandat de la Bourse d'Angers, mais qu'il ne peut pas abandonner à des délégués les mandats formels qu'il tient des Bourses de Nantes, Saumur et Rennes.

Soulery, délégué d'Alger, demande que chaque Bourse n'ait droit qu'à une voix, quel que soit le nombre de ses délégués.

Martin, délégué de Paris, dépose une proposition ainsi conçue :

« Considérant que les Bourses du Travail ont le droit de se faire représenter aux Congrès, elles ont également, pour la même cause, droit chacune à une voix. »

Chappe, délégué de Marseille, dépose une proposition ainsi conçue :

« Je propose que les délégués qui ont plusieurs mandats n'aient droit qu'à une voix et que l'on considère les autres mandats comme adhésions morales. »

Soulary, délégué d'Alger, demande que l'on accepte d'abord le principe d'une voix par Bourse.

Farjat, délégué de Lyon, déclare ne pas admettre la question de principe comme la pose Martin, de Paris; il admet exclusivement qu'une Bourse qui adhère au Congrès a voix délibérative, à condition qu'elle soit représentée par un délégué. Il n'admet pas, pour l'avenir des Congrès, les délégués chargés de plusieurs mandats, car alors deux délégués munis chacun de vingt mandats pourraient tenir Congrès et représenter à eux deux les quarante Bourses du Travail de France; dans ce cas, la discussion ne serait pas longue.

Noël, délégué de Bordeaux, dépose la proposition suivante, à laquelle déclare se rallier Marseille :

« Les Bourses du Travail de France ayant toute latitude pour se faire représenter au Congrès des Bourses du Travail, si le manque de ressources pécuniaires empêche une Bourse d'envoyer directement un délégué, elle devra, pour la bonne organisation du parti économique, s'adresser à la Commission d'organisation du Congrès, qui mettra à sa disposition un citoyen chargé de la représenter, de façon qu'à l'avenir quelques personnalités n'englobent d'une façon générale la marche vitale des organisations ouvrières dans le but de détenir entre leurs mains les intérêts du parti des travailleurs organisés en syndicats. »

Bonnet, délégué de Toulon, apprécie fortement cette proposition.

Pommier, délégué de Tours, déclare avoir oublié son mandat; néanmoins il demande à être autorisé à voter.

Soulery, délégué d'Alger, rapporteur de la commission de vérification des pouvoirs, déclare que la commission laisse au Congrès le soin d'accepter ou de refuser les délégués de Tours et Paris, qui ont oublié leurs mandats.

Sur la proposition du président, ces deux délégués sont admis à prendre part au vote; ils feront venir un *duplicata* de leur mandat le plus tôt possible.

Le Congrès passe au scrutin sur la proposition de Martin, délégué de Paris, et sur celle de Noël, délégué de Bordeaux.

Le résultat du scrutin est le suivant : pour, 17 voix; contre, 5 voix; abstentions, 1.

En conséquence, ces deux propositions sont adoptées.

Soulery, délégué d'Alger, demande si Colombe consent à abandonner le mandat d'Angers à un délégué lyonnais choisi à cet effet.

Colombe consent à ce que vient de proposer Soulery.

En conséquence, Yvan est désigné pour représenter la Bourse d'Angers.

Le citoyen Noël, délégué de Bordeaux, demande quelle est la publicité que le Congrès entend donner à ses décisions.

Le citoyen Farjat explique que la Commission d'organisation du Congrès a décidé d'envoyer tous les jours, à l'issue des séances, un compte rendu à la presse relatant toutes les décisions prises; en outre, les procès-verbaux des séances seront portés chaque jour à l'imprimerie par le citoyen Mathieu, secrétaire; le tirage se fera immédiatement et, à la clôture du Congrès, chaque délégué pourra emporter le compte rendu officiel du Congrès.

Ces explications sont acceptées.

Le citoyen Cordier, représentant Narbonne, rappelle qu'à Toulouse tous les syndiqués étaient admis aux séances du Congrès; il demande s'il n'y a pas lieu d'agir de la même manière pour ce Congrès.

Escach, délégué de Toulouse, n'y voit pas d'inconvénient.

Farjat, délégué de Lyon, s'y oppose et motive son opposition sur la crainte qu'il a de la présence de certains syndiqués non adhérents à la Bourse qui pourraient apporter le trouble dans les travaux du Congrès; il vaudrait mieux faire une réunion publique à l'issue du Congrès et faire connaître les résolutions prises par le Congrès.

Chappe, délégué de Marseille, est absolument de l'avis de Farjat.

Le citoyen Martin, délégué de Paris, n'est pas d'avis qu'un Congrès de cette importance ait lieu à huis clos; il croit que les craintes de Farjat sont puériles.

Le citoyen Mayeux, délégué de Roanne, dépose une proposition ainsi conçue :

« Tous les ouvriers syndiqués ont le droit d'assister aux réunions du Congrès, sur la présentation de leur carte de syndiqué. »

Les citoyens Martin, délégué de Paris, Soulery, délégué d'Alger, se rallient à cette proposition.

Naudot, représentant Besançon, est absolument de l'avis de Farjat, dont il approuve les observations; il fait néanmoins exception pour les membres de la Commission d'organisation, qu'il propose d'admettre comme auditeurs aux séances du Congrès.

Gérard, délégué de Grenoble, propose que l'on n'admette personne aux séances du jour et que l'on admette tous les syndiqués aux séances du soir.

Noël, délégué de Bordeaux, propose que tous les syndiqués puissent assister à toutes les séances.

Gérard, délégué de Grenoble, abandonne sa proposition et se rallie à celle du citoyen Mayeux, délégué de Roanne.

Cette proposition, mise aux voix, est repoussée.

Tardy, délégué de Saint-Etienne, demande pourquoi on admettrait les délégués aux séances du soir seulement et non pas également à celles de la journée.

Soulery, délégué d'Alger, répond que ce serait pour faire connaître aux séances du soir les résolutions prises dans la journée.

Farjat, délégué de Lyon, estime que ce sera du temps perdu, car il faudra expliquer aux auditeurs pourquoi telles ou telles résolutions ont été prises de préférence à telles ou telles autres.

Il demande que l'on conserve la décision prise par la Commission d'organisation, que les réunions du Congrès seraient absolument privées; il n'y aura qu'une seule réunion publique à l'issue du Congrès.

Les membres de la Commission d'organisation pourront seuls assister, s'il leur plait, comme auditeurs, aux séances du Congrès.

Cette proposition, mise aux voix, est adoptée.

La séance est levée à midi.

La prochaine séance est fixée à 2 h. 30 du soir.

Le Président de séance,

ESCACH,

Délégué de Toulouse.

Le Secrétaire,

F. MATHIEU.

DEUXIÈME SÉANCE

Lundi 25 juin 1894, soir

La séance est ouverte à 3 heures.

Président, Noël, délégué de Bordeaux; premier assesseur, Pommier, délégué de Tours; deuxième assesseur, Marpeaux, délégué de Dijon; secrétaire, Mathieu.

Appel : vingt-huit délégués présents.

Alger demande que l'alimentation soit représentée à la Prud'homie et que cette question soit portée à l'ordre du jour et discutée à fond.

Le président déclare que le Congrès, étant souverain, peut décider d'étudier les questions présentées par les délégués; il invite Alger à déposer sa proposition entre les mains du secrétaire.

Tardy, de Saint-Étienne, demande que l'on trace l'ordre du jour du Congrès; il voudrait connaître la façon dont le Congrès désire suivre l'ordre de ses travaux et s'il veut les partager entre diverses commissions.

Le président renouvelle ses précédentes déclarations; il est d'avis d'admettre les propositions de tous les délégués.

Yvan remarque qu'Alger vient de déposer une proposition qui n'est pas dans l'ordre du jour; il est partisan de la constitution de commissions qui auront à statuer sur les propositions des délégués faites en dehors de l'ordre du jour.

Montpellier demande que les questions en dehors de l'ordre du jour soient inscrites à la suite de ce dernier.

Toulon partage l'avis d'Yvan et propose de partager le Congrès en quatre commissions qui étudieraient les questions supplémentaires déposées par les délégués; ces commissions nommeraient des rapporteurs qui rendraient compte en assemblée générale.

Alger s'étonne de voir que l'on cherche à éluder la question au lieu de l'aborder de face; il dit que la Bourse d'Alger avait écrit au Conseil national pour mettre cette question à l'ordre du jour. Cordier avait répondu que l'ordre du jour était déjà imprimé. En conséquence, il demande l'adjonction de cette question à la suite de l'ordre du jour :

« Considérant qu'il est du devoir du Congrès de s'occuper de toutes les questions économiques, la Bourse du Travail d'Alger porte à l'ordre du jour du Congrès des Bourses : la Prud'homie, en vertu du Congrès, vote émis par le Sénat.

« *Le délégué* : Ch. SOULERY. »

Escach demande que chaque délégué qui a des rectifications à faire au procès-verbal donne ses rectifications écrites au secrétaire, qui fera le nécessaire. Passant à un autre ordre d'idées, il ne voit pas la nécessité de constituer plusieurs commissions, cela ferait perdre du temps et entamer fort tard la discussion de l'ordre du jour du Congrès.

On procède au vote pour la nomination d'une commission d'études.

Sont désignés : Alger, Paris, Lyon, Marseille, Toulon.

Gely, de Béziers, dit que les grandes villes de la France seront seules représentées, au détriment des petites localités.

Le président demande que des petites villes seules fassent partie de la commission.

On décide, sur la proposition du président, que le secrétaire inscrira le nom des Bourses sur des bulletins et fera tirer au sort à la fin de la séance. Cette proposition est adoptée.

Le président appelle l'ordre du jour.

Boulogne-sur-Seine et Grenoble proposent que chaque délégué ne puisse prendre la parole que deux fois et rien que deux fois sur chaque question, pendant dix minutes. — Proposition adoptée.

Reconnaissance d'utilité publique des Bourses

Gelly, de Béziers, en quelques mots, dit que si les Bourses du Travail sont reconnues d'utilité publique, elles seront placées sous le contrôle du gouvernement. La Bourse de Béziers rejette la reconnaissance d'utilité publique des Bourses.

Martin, de Paris, lit un rapport longuement motivé à ce sujet, concluant qu'il y aurait danger à reconnaître les Bourses d'utilité publique.

Boulogne-sur-Seine dit que la Bourse est d'avis de reconnaître les Bourses d'utilité publique. Cette Bourse s'est posé les mêmes questions que Paris et dépose cette proposition :

« Le Congrès des Bourses reconnaît les Bourses d'utilité publique, mais sans l'ingérence du gouvernement. »

Saint-Etienne dit que sa Bourse avait fait l'année dernière la proposition d'utilité publique, mais que depuis cette époque elle a changé d'idée, à la suite d'une étude plus approfondie de la question et des agissements du gouvernement envers les Bourses. Aujourd'hui, Saint-Etienne demande l'autonomie complète des Bourses et refuse l'utilité publique.

Montpellier approuve les déclarations de Saint-Etienne et maintient son précédent vote, refusant la reconnaissance.

Bonnet, de Toulon, dit que nous avons la reconnaissance d'utilité ; il suffit que les travailleurs s'entendent et se syndiquent, — nous avons actuellement la reconnaissance, sinon de droit, mais de fait, — serrons les rangs, soyons unis et passons-nous de sollicitations au gouvernement.

Cordier, de Narbonne, dit que le gouvernement s'emparera de ce projet pour en faire une action réactionnaire ; il dit que la loi de 1884 est actuellement contre les travailleurs et qu'il n'y a pas lieu d'accepter la reconnaissance d'utilité publique.

Alger dit qu'il a écouté avec attention tous les orateurs et dépose l'ordre du jour suivant :

« Considérant que les Bourses du Travail n'ont leur raison d'être qu'à condition d'avoir toute liberté d'action ; que la moindre ingérence gouvernementale ou administrative tournerait en espionnage le plus grand ; qu'en un mot les travailleurs veulent s'émanciper eux-mêmes, déclare que les Bourses du Travail doivent rester municipales et autonomes.

« *Le délégué d'Alger :* Ch. SOULERY. »

Grenoble est d'un avis contraire à celui des orateurs précédents ; il argue que la reconnaissance nous donnerait la légalité ; il voudrait que la Bourse fut reconnue d'utilité publique, mais refuse absolument l'ingérence du gouvernement. Il constate que la majorité est d'un avis contraire au sien ; néanmoins, fidèle à son mandat, il réclame la reconnaissance des Bourses.

Naudot, délégué de Besançon, dit que son avis est le même que celui du délégué de Grenoble. Il réclame la reconnaissance et l'autonomie absolue des Bourses. Au nom de sa Bourse, il demande une loi la reconnaissant d'utilité publique.

Toulouse déclare être contre la reconnaissance.

Pommier, de Tours, déclare que sa Bourse n'est pas partisan de l'utilité publique. Il voudrait que l'on recherche le moyen d'introduire dans le mandat des conseillers municipaux trois articles dont il donnera connaissance ultérieurement.

Mayeux, de Roanne, reconnaît que les précédents orateurs ont donné de bons arguments pour la non reconnaissance, mais il fait constater que le crédit de la Bourse de Roanne a été retiré à la suite de l'envoi d'un délégué au Congrès de Marseille en 1892. Si les Bourses avaient été reconnues d'utilité, le conseil municipal n'aurait pas pu leur retirer le budget et les livrer à leurs propres ressources.

Colombe est de l'avis du précédent ; il veut la reconnaissance, mais sans l'intervention du gouvernement dans les Bourses.

Nîmes est pour la reconnaissance, mais avec l'ingérence du gouvernement.

Boulogne-sur-Mer s'aperçoit que beaucoup de Bourses acceptent en principe la reconnaissance d'utilité publique. Cette reconnaissance met les Bourses à la disposition des municipalités.

Il accepte la reconnaissance sans l'ingérence du gouvernement et des municipalités.

Angers déclare que la subvention aux Bourses ne doit être considérée que comme une restitution aux travailleurs. Dans ces conditions, il accepte le principe de la reconnaissance.

Nice déclare que sa Bourse a accepté la reconnaissance et votera pour.

Saint-Nazaire demande que les Bourses fassent le nécessaire pour arriver à en créer d'autres. Il votera pour, si cela est adopté.

Bordeaux proteste énergiquement contre la reconnaissance. Il lit un long et intéressant rapport, puis il énumère les souffrances des travailleurs de Bordeaux et de la contrée, et demande la constitution de Bourses indépendantes à côté des Bourses municipales.

Il adjure le Congrès de repousser la reconnaissance d'utilité et maintient sa proposition.

Emile Noël, délégué de la Bourse du Travail indépendante de Bordeaux, dénie à la classe gouvernante le droit de s'ingérer dans l'administration des Bourses du Travail, et réprouve toute reconnaissance de la part de nos gouvernements. La classe ouvrière, sachant s'administrer elle-même sans le concours d'aucun pouvoir occulte, fera le nécessaire pour se gérer au mieux de ses intérêts.

Martin, de Paris, dit que toutes les Bourses qui acceptent la reconnaissance le font avec restriction et refusent l'ingérence municipale et gouvernementale.

Il dit que lorsque une loi reconnaissant l'utilité sera votée, elle imposera des règlements draconiens et inacceptables.

Il examine le cas où les électeurs poseraient la question à leurs candidats, édiles ou députés, lorsqu'ils se présenteront devant eux.

Il déclare que les députés n'ont rien à faire sur les Bourses, alors que les municipalités peuvent faire beaucoup et directement. C'est une espérance irréalisable de croire que l'Etat, qui est notre adversaire absolu, nous fasse une loi qui obligerait les municipalités à nous accorder ce qu'elles ne voudraient pas accorder. Nous devons agir sur les municipalités sans reconnaissance d'utilité de l'Etat.

Cordier, parlant au nom de la Fédération nationale, dit que la reconnaissance ne doit pas être demandée; il approuve la déclaration de Paris, et dit que nous avons tout à attendre des municipalités et rien de l'Etat.

Toulon demande si l'on croit que lorsque les Bourses seront reconnues on leur accordera une subvention.

Roanne déclare que la reconnaissance d'utilité publique implique forcément une subvention.

Alger est d'avis que nous devons être décentralisateurs et qu'en demandant la reconnaissance nous devançons la pensée du législateur et nous nous fourrons de plein gré dans un guêpier. Nous ne pouvons pas être autonomes et centralisateurs en même temps. Il faut donc repousser la reconnaissance; il faut prévoir le danger qui résulterait de la reconnaissance et de la main mise du gouvernement. Il déclare que nous perdrions du coup les Bourses et que les syndicats s'en détacheraient. Les Bourses ont une action moralisatrice qui disparaîtrait. Il conclut en adjurant les délégués de ne pas voter la reconnaissance d'utilité publique.

Gérard, de Grenoble, n'est pas de cet avis; il veut la reconnaissance sans ingérence du gouvernement; il croit que les améliorations peuvent venir du pouvoir législatif et non du pouvoir municipal, dont les décisions sont acceptées ou refusées par le préfet. Il faut, dit-il, une lutte acharnée contre les municipalités et une lutte acharnée contre nos élus jusqu'à ce que l'on ait satisfaction de nos *desiderata*. Nous acceptons la loi de 1884, mais avec l'intention de la tourner lorsqu'elle nous sera défavorable.

Colombe dit que la reconnaissance n'est pas un recul, mais un complément de la loi de 1884. Si la loi existait, on n'aurait pas pu fermer la Bourse de Paris.

Il déclare, au sujet de l'entrée des syndicats mixtes dans les Bourses, qu'il faut absolument les repousser.

Bordeaux dit que la reconnaissance existe dans la loi de 1884, elle existe en fait sinon en droit; il fait l'apologie de la Bourse indépendante de Bordeaux et de son mode de cotisation.

Par 14 voix contre 11 et 6 abstentions, la reconnaissance d'utilité publique est adoptée.

VOTE SUR LA RECONNAISSANCE D'UTILILÉ PUBLIQUE

Pour : Saint-Nazaire, Besançon, Boulogne-sur-Seine, Angers, Boulogne-sur-Mer, Aix, Beauvais, Nantes, Nîmes, Nice, Roanne, Narbonne, Grenoble, Le Puy.

Contre : Tours, Alger, Béziers, Bordeaux, Cognac, Dijon, Montpellier, Saint-Etienne, Paris, Toulouse, Toulon.

Abstentions : Perpignan, Cholet, Saumur, Rennes, Lyon, Marseille.

Cordier demande la parole sur le vote et dit qu'étant donné le résultat de ce dernier, il reste au Comité fédéral la tâche d'élaborer un projet de loi en ce sens et de le soumettre au prochain Congrès. Le Comité fédéral ne peut pas lui seul rédiger un projet de loi aussi important.

Escach demande que, vu la petite majorité du scrutin, la question soit renvoyée au Congrès de Nantes, où les syndicats, à l'immense majorité, seront consultés.

Chappe, délégué de Marseille, essaie d'amener la discussion sur la tenue du Congrès de Nantes, et déclare qu'il n'est venu que pour soutenir cette discussion.

Le président lui rappelle que ce matin le Congrès a décidé que les délégués devraient prendre part à tous les travaux du Congrès.

On procède au vote pour la nomination des cinq membres de la Commission d'études à laquelle seront renvoyées les questions faisant suite au procès-verbal.

Sont nommés :

Saint-Nazaire, Deloche ; Roanne, Mayeux ; Angers, Yvan ; Boulogne-sur-Mer, Guiat ; Aix, Marrot.

La séance est levée à 7 heures.

Le Secrétaire,

F. MATHIEU.

TROISIÈME SÉANCE

26 juin 1894, matin

La séance est ouverte à 9 heures.

Président, Marrot, délégué d'Aix ; premier assesseur, Coffin, délégué de Boulogne-sur-Mer ; deuxième assesseur, Bonnet, délégué de Toulon ; secrétaire, F. Mathieu.

L'appel donne 28 Bourses présentes.

Lecture du procès-verbal. — Adopté, après la rectification ci-après :

« Absent de la deuxième séance du Congrès, je déclare que, présent, j'aurais voté contre la reconnaissance d'utilité publique des Bourses du Travail.

« Le délégué de Cholet, L. Dubois. »

L'ordre du jour appelle la discussion sur les dispositions à prendre en face du règlement que le gouvernement veut imposer aux Bourses.

Martin, délégué de Paris, lit un rapport motivé sur la question.

Narbonne dit que le Comité fédéral a cru devoir porter cette question au Congrès.

Montpellier repousse l'ingérence du gouvernement dans les Bourses.

Dijon est également de cet avis.

Alger fait remarquer les contradictions existant entre le vote d'hier et l'opinion de tous les délégués aujourd'hui, lesquels ne veulent pas l'ingérence du gouvernement. — Au nom de la Bourse d'Alger, il repousse la discussion, étant donné le vote d'hier, reconnaissant les Bourses d'utilité publique.

Emile Noël, délégué de Bordeaux, fait la proposition suivante :

« Si le gouvernement veut imposer un règlement à l'élabo-
« ration duquel les syndicats n'ont pas été admis à participer,
« et qui les placerait sous la tutelle arbitraire de l'adminis-
« tration municipale, ils devront déserter l'édifice municipal
« et se créer en Bourse indépendante. »

Deloche déclare que sa Bourse accepte l'utilité, mais refuse l'ingérence du gouvernement.

Renard fait les mêmes déclarations.

Cholet appuie la proposition de Bordeaux.

Colombe ne veut pas l'ingérence du gouvernement, mais dit qu'il ne faut pas partir en campagne contre des moulins à vent, et qu'il convient d'étudier encore plus sérieusement la question.

Boulogne-sur-Mer dit qu'il s'étonne d'entendre Alger décla-rer que les délégués n'ont apporté aucun travail préparé sur le sujet. Il dit qu'il n'y avait pas lieu de préparer un travail, puisque nous refusons d'accepter un règlement.

Roanne dépose une proposition :

« Considérant que les Bourses du Travail sont et doivent
« être essentiellement ouvrières et dirigées par les syndicats
« ouvriers,

« Déclare et propose que les Bourses du Travail s'adminis-
« trent elles-mêmes sans aucune ingérence gouvernementale
« en tant que règlement et administration.

« Nous demandons également, au cas où le gouverne-
« ment voudrait imposer un règlement quelconque, que les
« organisations syndicales désertent les Bourses et se retirent
« en fédération. »

Yvan appuie et développe les propositions de Bordeaux.

Tours fait remarquer que nous sommes à peu près tous
d'accord ; il appuie la proposition de Bordeaux et demande
que l'on vote cette proposition.

Bordeaux appuie sa proposition et dit qu'il n'y a que les
ouvriers qui connaissent bien leurs affaires ; eux seuls peuvent
élaborer un règlement et le faire approuver par le gouvernement ; il dépose une proposition en ce sens.

Alger dit que puisque nous avons repoussé l'ingérence du
gouvernement, nous devons repousser toute réglementation.

Farjat étudie longuement la situation faite aux syndicats
dans le cas où le gouvernement voudrait imposer un règlement. Il repousse énergiquement toute ingérence gouvernementale.

Après une longue discussion, diverses propositions sont
mises aux voix.

Proposition de Bordeaux. — Repoussée.

Proposition Mayeux. — Acceptée.

L'ordre du jour appelle la discussion sur la troisième question à l'ordre du jour :

Organisation des Bourses

Martin, de Paris, donne lecture d'une étude sur la question.
Bordeaux donne lecture d'un plan d'organistion des Bourses.

Montpellier dit qu'il n'est pas possible de faire un règlement général pour toutes les Bourses de France, les localités
n'étant pas toutes dans la même situation ; il déclare que
son mandat l'oblige à se rallier aux meilleures propositions
qui seront faites.

Alger ne demande pas une réglementation générale, mais voudrait que l'on fit le plus de propagande possible pour amener la création de Bourses où il n'en existe pas.

Roanne parle dans le même sens qu'Alger.

Toulouse est de l'avis du citoyen précédent, mais il croit qu'il y a lieu d'établir des règles générales pour créer des rapports réguliers entre les Bourses et propose que le Conseil étudie un projet de règlement, après avoir demandé l'avis de toutes les Bourses.

Béziers pense que tous les centres ouvriers doivent faire leur possible pour créer des Bourses et faire pression sur leurs élus afin d'arriver à ce résultat.

Tours est d'avis que l'on envoie les règlements des diverses Bourses au Comité fédéral, qui étudiera sur l'ensemble de ces documents un règlement qui sera envoyé comme *ultimatum* à toutes les Bourses.

Grenoble pensait que l'on faisait appel aux Bourses pour arriver à établir un règlement bien étudié, c'est pour cela qu'il a présenté un projet au début de la discussion sur les trois questions.

Dijon se rallie à ce qu'a dit le délégué de la Bourse du Travail de Tours.

Le Puy demande que l'on fasse de la propagande.

Renard propose, au nom de la Bourse de Lyon, que le siège du Conseil national se trouve désormais dans la ville où vient de se tenir le Congrès.

Cette proposition est renvoyée à la Commission d'études.

Proposition émise par Toulon et Bordeaux :

« Nous proposons que le Conseil de la Fédération des Bourses, dans l'année qui va s'écouler, étudie le moyen de relier toutes les Bourses de France par un règlement général et soumette les résultats de ses travaux au prochain Congrès des Bourses. Les Bourses du Travail sont invitées à envoyer leur règlement pour servir de base au projet de règlement général. »

Emile Noël, délégué de Bordeaux, émet le vœu suivant :

« Un des services les plus utiles que l'on doit soigner dans les Bourses du Travail, c'est celui de la statistique des divers éléments du travail dans la localité et dans la région, pour toutes les professions, pour les salaires, pour le nombre des ateliers et des ouvriers travaillant ou sans travail, le prix

des vivres, objets de la vie, de façon à constituer un faisceau de renseignements exacts et toujours à jour. »

Proposition de Saint-Etienne :

« Le Congrès invite la Fédération nationale des Bourses à
pousser le plus possible un mouvement tendant à la création de Bourses. Celles qui existent, — dans la mesure du
possible, — sont invitées dans leur région à faire tous leurs
efforts pour créer le plus de Bourses possible. »

Proposition de Boulogne-sur-Seine :

« Vu l'éventualité du nombre des Bourses du Travail qui
ne tarderont pas à se créer, sous l'action d'une propagande
active faite par la Fédération, propose au Congrès l'étude
suivante tendant à la création de Bourses secondaires ou
régionales, qui auraient pour devoir d'étudier les revendications ouvrières concernant leur région. »

Proposition Dijon et Le Puy :

« Dijon et Le Puy proposent que le Conseil fédéral soit
chargé d'organiser la propagande dans les villes où il n'existe
pas de Bourse et des conférences dans les Bourses existantes
qui en feront la demande. »

Saint-Etienne se rallie à cette proposition et abandonne la
sienne.

Proposition de Boulogne-sur-Seine. — Repoussée.

Proposition Bordeaux, Toulouse, Alger. — Adoptée.

Proposition de Montpellier. — Renvoyée à la Commission
d'études.

Propositions Dijon et Le Puy. — Acceptées.

La suite de l'ordre du jour comporte :

Admission au Congrès des Fédérations locales

Alger est pour l'acceptation des Fédérations où il n'existe
pas de Bourses.

Béziers ne voit aucun inconvénient à l'admission au Congrès des unions et fédérations locales où il n'existe pas de
Bourses.

Colombe combat l'admission des fédérations aux Congrès
des Bourses. Il votera contre l'admission.

Tours acceptera seulement les fédérations où il n'y aura
pas de Bourses.

Martin, de Paris, lit un rapport qui conclut à l'admission
des fédérations où il n'existe pas de Bourses, à la condition

que ces fédérations organisent par la suite des Bourses. Conclusion : Organisation des fédérations en Bourses du Travail et leur adhésion aux Congrès.

Bordeaux trouve anormal et inutile d'admettre dans les Congrès les syndicats, unions ou fédérations envoyés par les villes où il n'y a pas de Bourses. Il fait remarquer que les syndicats ont des intérêts d'une autre nature que les Bourses et les envoient aux Congrès de la fédération nationale des syndicats.

Nîmes veut admettre les fédérations, unions, etc., à condition qu'elles se déclarent Bourses du Travail.

Boulogne-sur-Seine est partisan d'accepter les délégués de fédérations où il n'existe pas de Bourses.

Farjat dit que le mandat impératif de Lyon est de refuser l'admission des fédérations aux Congrès des Bourses, sous peine d'amoindrir l'importance des Congrès des Bourses, car ces Congrès seraient débordés par les syndicats ou fédérations locales isolés, dont les intérêts et les besoins ne sont pas les mêmes que ceux des Bourses du Travail. Il fait entrevoir le cas où un délégué, représentant un ou deux syndicats, est admis à émettre un vote opposé, par exemple, à celui que ferait la Bourse de Paris qui représente cent ou cent vingt syndicats. Il est d'avis que ces fédérations locales ou syndicats isolés trouvent vraiment leur place au Congrès de la Fédération nationale des syndicats à Nantes, par exemple.

Il déclare que si les fédérations locales sont admises, il y aura abus.

Dijon n'est pas de cet avis. Il déclare qu'il y a un écueil à ne pas les admettre ; il se range à l'avis de Grenoble et conclut à l'admission des fédérations, unions, etc., là où il n'y aura pas de Bourses.

Toulouse soutient l'adhésion des fédérations aux Congrès des Bourses.

Tours dit qu'il n'y a pas lieu d'accepter les fédérations locales là où il y a des Bourses du Travail.

Tours dépose une proposition.

Roanne soutient l'administration des Bourses.

Bordeaux repousse énergiquement l'admission des fédérations aux Congrès des Bourses.

Proposition de Paris :

« Organisation des fédérations locales de syndicats en

Bourses de Travail; leur admission au Congrès des Bourses du Travail, en attendant cette organisation. »

Proposition de Saint-Étienne :

« Seules seront admises au Congrès des Bourses les organisations dont le titre sera : Bourse du Travail. »

Proposition de Grenoble :

« Le Congrès des Bourses du Travail décide qu'il y a lieu d'accepter, au prochain Congrès, le délégué émanant des fédérations locales, là seulement où il n'existe pas de Bourses. »

Cette dernière a la priorité ; elle est mise aux voix et est adoptée par 17 voix contre 8 et 1 abstention.

La séance est levée à midi.

Le Président,	*Le Secrétaire,*
MARROT,	F. MATHIEU.
Délégué d'Aix.	

QUATRIÈME SÉANCE

Mardi 26 juin 1894, soir

La séance est ouverte à 8 heures.

Président, Gely, de Béziers; premier assesseur, Colombe, de Nantes; deuxième assesseur, Girard, de Grenoble; secrétaire, Mathieu.

Après l'appel, il est donné lecture du procès-verbal de la précédente séance qui, mis aux voix, est adopté.

L'ordre du jour appelle la discussion de la Caisse nationale des Grèves.

Roche, délégué de Cognac, avant d'entrer en discussion sur le fond, demande que l'on renvoie la question au Congrès des Syndicats.

Cordier dit que le Congrès de Toulouse a renvoyé cette question au Congrès corporatif, qui l'a renvoyée à Lyon et que l'on pouvait renvoyer à Nantes.

Montpellier dit que l'on ne peut pas toujours renvoyer cette question de congrès en congrès; il désire que l'on discute la question de suite.

Grenoble dit que les Bourses n'ont pas le droit de constituer des Caisses nationales de Grèves.

Nantes désire que l'on étudie dès aujourd'hui la question, qui a constamment été renvoyée de congrès en congrès ; il veut bien que l'on discute la question à fond à Nantes, mais demande que l'on commence à faire quelque chose ici.

Saint-Etienne rappelle la proposition faite au Congrès national de Paris en 1893 par la Fédération de Besançon.

Le Congrès décide que l'organisation définitive de la Caisse nationale de Grèves est subordonnée à la création et à l'union des fédérations de métiers.

Le Congrès décide en outre qu'il y a lieu de laisser à chaque corporation le soin de créer dans son sein une caisse de grève ; toutefois, une caisse spéciale, alimentée par des versements volontaires, provenant des syndicats ou de souscriptions particulières, sera fondée sous la gestion et le contrôle fédéral des Bourses de Travail.

Ces ressources seront destinées à soutenir, dans la mesure du possible, les grèves reconnues légitimes par le Comité de la Fédération des Bourses.

Bordeaux donne lecture d'un rapport sur la question.

Roanne approuve la déclaration de Saint-Etienne.

Dijon parle contre le renvoi et fait la proposition suivante :

« Dijon propose de rejeter le projet de Caisse nationale de Grèves ; il engage les syndicats à constituer des fédérations de métiers, lesquelles sont plus aptes à administrer et alimenter les caisses de grèves. Il émet le vœu que ces fédérations s'unissent entre elles pour une action commune. »

Paris abandonne la question préjudicielle et se réserve pour discuter au fond.

Boulogne demande que l'on passe à la discussion.

Paris renouvelle sa précédente déclaration ; il discutera le fond de la question.

Angers dit que la question est grosse de conséquences et mérite une étude approfondie.

Cordier dit qu'il ne veut pas entrer dans le fond, quoique quelques-uns l'aient déjà fait ; il a cependant un projet qu'il veut présenter sur les moyens de créer cette Caisse, depuis si longtemps attendue par les travailleurs.

Le président demande s'il y a lieu de renvoyer la question au Congrès de Nantes. La proposition, mise aux voix, est adoptée.

En conséquence, l'article 5 de l'ordre du jour est renvoyé au Congrès de Nantes.

L'ordre du jour appelle la discussion sur la sixième question :

De la création d'un Bulletin officiel des Bourses et Fédérations.

Bordeaux lit un rapport sur la question.

Cordier soutient la création d'un Bulletin officiel de la Fédération, et fait ressortir les avantages qui résulteraient de la création de cet organe.

Angers soutient la même argumentation et considère que la création d'un Bulletin officiel est indispensable.

Montpellier est du même avis; il appuie la proposition de création d'un Bulletin officiel et ajoute que ce Bulletin ne fera aucun tort aux Bulletins locaux.

Paris lit le rapport suivant sur la création d'un Bulletin destiné à éclairer les travailleurs sur toutes les questions intéressant tous les syndicats.

Rapport sur le Bulletin

Le Bulletin doit être le trait d'union entre toutes les Bourses du Travail; il doit relater tous les faits qui se passent dans toutes les Bourses, dans tous les Syndicats, faits qui doivent concourir à la défense des intérêts généraux de la classe prolétarienne.

Cet organe permettra à la Fédération des Bourses de publier les procès-verbaux de ses séances et les travaux accomplis par elle, ainsi que l'ordre du jour de la prochaine séance, ce qui permettra à toutes les Bourses de discuter cet ordre du jour et de donner mandat à leur délégué au Comité fédéral en connaissance de cause.

Toutes les Bourses du Travail, toutes les Fédérations, tous les Syndicats, pourront publier dans ce Bulletin tous les faits importants qui intéressent les travailleurs.

Mais, pour qu'il puisse rendre tous les services que l'on peut attendre de lui, il faut que les Syndicats s'imposent de nouveaux sacrifices, toujours des sacrifices, sacrifices qui auront cet avantage considérable de faire connaître à toute la France ouvrière ce qu'un Syndicat accomplit ou veut accomplir.

Ce Bulletin devra rester un organe officiel, c'est-à-dire s'élevant au-dessus des questions politiques et des polémiques; il ne devra contenir : 1° qu'une critique sociale; 2° les procès-verbaux du Comité fédéral et du Secrétariat national du Travail; 3° les communications des Bourses, des Fédérations, des Syndicats; 4° les déclarations de grèves, leurs motifs, leur but, leur résultat et leur statistique; 5° les opérations de la Caisse nationale des Grèves; 6° du mouvement syndical national.

Voici ce qu'il peut coûter étant bi-mensuel :

POUR UN MILLE

Le Bulletin, 26 numéros annuels, à 100 fr.	2.600 fr.
Timbres, par numéro, 20 fr..............	520
Frais, par numéro, 25 fr................	650
Total...............	3.770 fr.

POUR DEUX MILLE

Le Bulletin, par numéro, 120 fr..........	3.120 fr.
Timbres, envoi......................	850
Frais, par numéro, 30 fr................	780
Total...............	4.750 fr.

L'abonnement pourrait être de 4 francs par an; il suffit donc que mille syndicats contractent un abonnement pour assurer l'existence de ce Bulletin. En outre, nous vous le proposons du même format que le *Bulletin officiel municipal*, afin qu'il soit possible en fin d'année de le brocher pour le conserver. Ce Bulletin contiendra huit pages de texte.

En conséquence, nous vous proposons la conclusion suivante :

« La Bourse du Travail de Paris demande au Congrès des Bourses du Travail de créer un Bulletin et de faire près des syndicats qui sont d'abord dans les Bourses du Travail toute la propagande nécessaire pour leur faire contracter un abonnement, à l'effet d'assurer l'existence de ce Bulletin, qui sera le trait d'union de tous les syndicats français. »

Toulouse demande que le Comité fédéral envoie une circulaire pour compter les adhérents.

Nîmes se rallie à la proposition de création d'un Bulletin officiel.

Proposition de Saint-Etienne et Boulogne-sur-Seine :

« Le rejet pur et simple de la proposition. »

Béziers se rallie à cette proposition.

Emile Noël, délégué de Bordeaux, émet le vœu de favoriser

par tous les moyens possibles la création d'un Bulletin général des Bourses du Travail, où elles pourront toutes collaborer,
et laisse au Comité fédéral le soin de trouver le moyen de
trancher la question, puis en référera ensuite aux Bourses
existantes.

Le délégué de Cognac appuie la proposition.

La proposition de Saint-Etienne est rejetée par 25 voix
contre 4.

La proposition de Bordeaux est adoptée par 25 voix
contre 4.

En conséquence, la création d'un Bulletin officiel est
adoptée.

L'ordre du jour appelle la discussion sur l'article 7.

Désignation de la ville où se tiendra
le prochain Congrès.

Toulouse demande que le prochain Congrès se tienne
à Bordeaux.

Bordeaux désire que le Congrès se tienne dans une ville
libre, où les syndicats sont maîtres d'agir à leur guise.

Après une assez longue discussion, la ville de Nîmes est
désignée par 13 voix, contre 10 données à Montpellier.

L'ordre du jour appelle la discussion sur la huitième
question :

Création, par les municipalités socialistes,
de Bourses du Travail.

Dijon demande qu'il n'y ait pas création de Bourses
par les municipalités socialistes, mais simplement par les
municipalités.

Cordier donne des explications en assurant que nous
pouvons compter bien plus sur les municipalités socialistes
que sur les municipalités bourgeoises.

Martin, délégué de Paris, lit un long rapport sur la
question.

Bordeaux lit également un rapport détaillé sur la question.

Montpellier est pour la création des Bourses, non par les
municipalités socialistes, mais simplement par les municipalités.

Dijon se rallie à la proposition de Paris.

Colombe dit que sa Bourse lui avait donné mandat de soutenir la création des Bourses par les municipalités socialistes, mais qu'après avoir entendu les explications de Paris, il se rallie à la proposition de ce dernier et réclame que toutes les municipalités soient, sans distinction, appelées à créer des Bourses.

Angers est absolument du même avis.

Toulouse conseille d'user d'un stratagème employé par l'Union des chemins de fer, c'est-à-dire faire signer des mandats en double expédition aux candidats se présentant à leurs suffrages. Les élus seraient tenus par ce moyen qui a déjà réussi, puisque les Syndicats de chemins de fer ont fait dernièrement tomber un ministre avec ce stratagème, et l'on a vu jusqu'à des réactionnaires forcés de la sorte à soutenir les intérêts des travailleurs.

Proposition de Toulouse :

« Nous proposons que les Bourses du Travail fassent engager par signature tous les candidats aux futures élections à soutenir les Bourses existantes et à en créer dans les villes où il n'y en a pas. »

Besançon se rallie à la proposition de Toulouse.

Dijon demande l'adjonction de la proposition de Toulouse à celle de Paris.

Renard demande au contraire la disjonction.

Grenoble propose l'appel nominal sur les propositions de Paris et de Toulouse.

Le scrutin ouvert pour le vote sur les diverses propositions, donne le résultat suivant :

Pour la proposition de Paris :

Saint-Etienne, Cholet, Grenoble, Dijon, Boulogne-sur-Mer, Narbonne, Paris.

Pour la proposition de Toulouse :

Marseille, Béziers, Bordeaux, Toulouse, Montpellier, Nîmes, Saint-Nazaire, Boulogne-sur-Mer, Nantes, Rennes, Besançon, Lyon, Cognac, Le Puy, Tours, Beauvais, Aix.

Toulouse obtient 17 voix, Paris en obtient 7.

En conséquence, la proposition de Toulouse est adoptée.

La séance est levée à 6 heures et demie.

Le Président de séance,
GELY,
Délégué de Béziers.

Le Secrétaire,
F. MATHIEU.

CINQUIÈME SÉANCE

Mercredi 27 juin, matin

Président, Martin, de Paris; premier assesseur, Marrot, d'Aix; deuxième assesseur, Guiat, de Boulogne-sur-Mer; secrétaire, F. Mathieu.

Il est donné lecture du procès-verbal de la dernière séance qui est adopté.

L'ordre du jour appelle la discussion de la neuvième question inscrite à l'ordre du jour.

Grenoble demande le renvoi aux Syndicats.

Saint-Nazaire s'abstient, « considérant qu'il serait très difficile d'arriver à une entente internationale, le Congrès de Berlin en est un exemple, étant donné la difficulté que l'on éprouve pour une entente nationale, témoin : Marseille et Nantes ».

Saint-Nazaire a mandat de repousser la tenue du Congrès international d'une année ou deux.

Dubois est du même avis.

Dijon la développe en s'appuyant sur les difficultés de s'entendre internationalement, étant donné l'état actuel de l'organisation des corps de métiers. Après de longues explications, il conclut que ce n'est pas dans le rôle de la Fédération des Bourses du Travail à convoquer le Congrès international.

Rennes est pour l'organisation d'un Congrès international des syndicats.

Toulouse croit que, pour le moment, il suffit de se tenir en correspondance constante avec les organisations étrangères.

Angers est partisan du Congrès international.

Paris appuie la tenue d'un Congrès international et donne des explications sur la tenue de ce Congrès; il donne lecture d'un rapport sur cette question, en des considérants sur la nécessité qu'il y a d'avoir des rapports continuels, que seuls ces Congrès établissent entre toutes les organisations ouvrières et qui sont nécessaires en face de l'organisation internationale des patrons, du capital et du gouvernement.

La Fédération constate que les Congrès internationaux n'ont rien donné aux travailleurs; néanmoins elle est d'avis qu'il y a lieu de tenir un Congrès international.

Dijon maintient ce qu'il a dit au début; il ne croit pas que nous soyons bien placées, nous Bourses du Travail, pour décider d'un Congrès international, et est d'avis que ce soin soit laissé au Congrès de Nantes.

Proposition de Dijon :

« La Fédération, considérant qu'un Congrès international est prématuré en raison de l'insuffisance de l'organisation ouvrière, récuse l'organisation de ce Congrès pour son propre compte. »

Proposition de Grenoble :

« La Bourse du Travail de Grenoble reconnaît l'utilité d'un Congrès international des Chambres syndicales, mais d'un autre côté, reconnaissant que le Congrès des Bourses n'a pas le droit de s'en occuper, renvoie cette question au Congrès des Chambres syndicales. »

Proposition de Cholet :

« La Bourse du Travail de Cholet demande que le Congrès renvoie cette question au Congrès des Chambres syndicales qui, lui, décidera s'il y a lieu de faire un Congrès international organisé par la Fédération des Bourses du Travail. »

Paris se rallie au renvoi de la question au Congrès de Nantes, mais veut que l'on déclare admettre la nécessité absolue de la tenue d'un Congrès à Nantes.

Lyon se rallie à la proposition de Grenoble.

Le Comité fédéral croit que l'on est assez fort pour se décider à un Congrès international; il est opposé à tout renvoi à un autre Congrès pour prendre cette décision.

La clôture, mise aux voix, est prononcée.

La proposition suivante est mise aux voix :

« Le Congrès est-il d'avis qu'il y ait lieu de décider la tenue d'un Congrès international ? »

La proposition suivante est mise aux voix :

« Le Congrès des Bourses a reconnu l'utilité d'un Congrès international et en renvoie l'organisation au Congrès des Chambres syndicales. »

Cette proposition est adoptée à l'unanimité moins 2 voix.

Le citoyen Cordier explique que le délégué de Bordeaux vient d'être victime d'un acte arbitraire et donne des explications, disant qu'il va être poursuivi correctionnellement, ce qui le forcera de venir à Lyon. Il demande qu'on veuille bien pécuniairement lui venir en aide.

Emile Noël, délégué de Bordeaux, fait l'historique de la

question qui l'amène à être poursuivi devant le tribunal correctionnel le 9 août; c'est pour avoir chaleureusement soutenu un syndicat lyonnais en grève devant les attaques iniques, calomnieuses et injustifiées d'une certaine feuille dont le directeur avait tout intérêt à s'attirer les sympathies des patrons, étant marchand de matériel de leur profession. Les plans de ce directeur ayant échoué, il est traduit pour diffamation par voie de la presse devant le tribunal correctionnel.

Montpellier demande qu'on renvoie cette question aux Bourses du Travail.

Alger demande que le Conseil fédéral fasse un rapport sur ce cas pour éclairer les Bourses, et propose que le Congrès émette un vote de solidarité en faveur du collègue de Bordeaux.

La proposition d'Alger est acceptée à l'unanimité.

L'ordre du jour appelle la discussion de la dixième question.

Paris donne lecture d'un rapport sur la question, dont voici les conclusions :

Conclusions du Rapport sur la question du Premier Mai.

« 1º Le Premier Mai doit être considéré comme un jour de revendications populaires et comme un jour de trêve entre les écoles socialistes qui auraient un différend.

« 2º Pour conserver au Premier Mai l'influence révolutionnaire qu'il doit exercer sur la masse manifestante et sur les dirigeants, les écoles socialistes devront désormais s'entendre afin d'adopter un mode unique pour manifester en commun ; dans le cas contraire, la minorité devra se joindre à la majorité.

« 3º En cas de pourparlers ou de déclaration de guerre, les nations intéressées ou non devront manifester contre.

« 4º Le Premier Mai, pour laisser à ce grand jour toute sa dignité, les écoles socialistes devront s'abstenir de toute démarche auprès des pouvoirs publics, soit à la Chambre des députés, soit aux Conseils municipaux.

« 5º Les Bourses du Travail devront, dans le rayonnement de leurs syndicats, user de toute leur influence et de tous les moyens possibles pour faire aboutir les conclusions du rapport.

« *Le Rapporteur*,

« GILLES,

« Délégué des portefeuillistes maroquiniers. »

Discussion sur le Premier Mai

Saint-Nazaire s'oppose à ce que le Premier Mai soit une fête reconnue ; cette reconnaissance lui enlèverait tout le caractère de révolte qu'elle contient.

Emile Noël, de Bordeaux, fait l'historique de la fête du Premier Mai à Bordeaux ; il engage les syndicats ouvriers à prendre la tête du mouvement de cette fête ouvrière et demande que les Bourses du Travail soient le pivot de cette fête du travail, en appelant dans son sein toutes les organisations réclamant la journée de huit heures.

Toulouse n'est pas de cet avis ; il dit que ce sont les Bourses du Travail qui doivent organiser le Premier Mai et que cela a admirablement réussi à Toulouse, où tous les groupes politiques se sont unis à la Bourse du Travail qui a organisé le Premier Mai. Il conclut en demandant que ce soient les Bourses qui organisent le Premier Mai.

Cognac demande qu'on laisse la liberté d'organisation aux syndicats.

Montpellier soutient la proposition de Toulouse et demande que les Bourses organisent le Premier Mai et fassent appel aux groupes politiques.

Le Puy déclare que sa Bourse n'est pas assez forte pour prendre l'initiative de l'organisation de la fête.

Dijon demande que les Bourses prennent l'initiative et la décision d'inviter toutes les organisations politiques à prendre part, en se cotisant, à l'organisation du Premier Mai.

Narbonne demande l'autonomie complète.

Nîmes croit que l'on ne doit pas encore considérer le Premier Mai comme journée de fête, mais, jusqu'à nouvel ordre, comme fête de deuil.

Paris repousse l'idée de la reconnaissance du Premier Mai comme fête légale, car, dans ce cas, nous devrions abandonner cette fête. Il repousse également les sollicitations auprès des pouvoirs publics.

La Bourse de Paris conclut que tout le monde doit prendre part à cette manifestation, même, au besoin, en organisant des réunions dans la soirée.

Toulouse demande que l'on vote contre la proposition de Paris.

Lyon propose que les Bourses n'aient d'autre rôle que d'inviter les différentes organisations ouvrières de la localité à se réunir pour délibérer sur la forme et le caractère à donner au Premier Mai.

Proposition de Lyon :

« Les Bourses du Travail devront chaque année, en vue du Premier Mai, prendre l'initiative de convoquer toutes les organisations locales et régionales, provoquant ainsi la formation de Commissions d'organisation à qui incombera la mission de prendre toutes les mesures nécessaires pour donner le plus d'importance et d'éclat possible à cette grande fête. »

Cette proposition est adoptée à l'unanimité moins 3 voix.

SIXIÈME SÉANCE

Mercredi 27 juin 1894, soir

Président, Mayeux, délégué de Roanne ; premier assesseur, Bernard, délégué de Beauvais ; deuxième assesseur, Sabatier, délégué du Puy ; secrétaire, F. Mathieu.

De la Grève générale

Grenoble est d'avis de renvoyer la onzième question devant le sixième Congrès de la Fédération nationale des syndicats.

Alger dit que s'il n'avait pas été absent hier au soir de la séance, pendant la discussion de la cinquième question de l'ordre du jour, il aurait protesté énergiquement contre le renvoi de la question au Congrès des Chambres syndicales. Il n'admet pas, puisqu'on a renvoyé la cinquième question au sixième Congrès, que l'on discute la onzième question au Congrès des Bourses du Travail. Il demande le renvoi de la onzième question au sixième Congrès des Chambres syndicales.

Dijon dit que parce que l'on n'a pas discuté la cinquième question, cela n'empêche pas d'étudier la onzième, cela n'empêche pas également de la porter au sixième Congrès des Chambres syndicales.

Bordeaux est d'avis qu'il faut renvoyer la question au sixième Congrès corporatif.

Paris s'oppose au renvoi de la question devant le sixième Congrès corporatif, c'est parce qu'il croit que le Congrès des Bourses du Travail doit statuer sur cette question.

Montpellier s'oppose au renvoi et demande la discussion générale immédiate.

Lyon soutient le renvoi devant le sixième Congrès corporatif.

Proposition de Saint-Etienne :

« En raison des résolutions adoptées lors de la discussion de la cinquième question, il propose que la onzième question suive la même marche. »

Proposition de Grenoble :

« Le Congrès reconnaît l'utilité de laisser suspendue sur la tête de nos exploiteurs cette épée ; il est partisan de la grève générale ; mais reconnaissant que le Congrès des Bourses du Travail n'a pas qualité de discuter cette question, renvoie cet onzième ordre du jour au Congrès des Chambres syndicales. »

Proposition de Beauvais :

« Considérant que la question de la grève générale est plutôt du ressort des Chambres syndicales, qui, elles seules, peuvent connaître les fonds des caisses qu'elles ont en leur possession ; qu'elles sont donc seules en mesure de voir si elles peuvent organiser la grève générale ; pour ces motifs, décide de renvoyer la question au Congrès des Chambres syndicales ouvrières. »

Proposition de Nantes :

« Après avoir entendu les différents ordres du jour déposés sur le bureau, il demande que le Congrès se prononce sur le principe de la grève générale, et renvoie son organisation au prochain Congrès des syndicats de France. »

Proposition de Toulon :

« La Bourse du Travail de Toulon soutient la grève générale, à condition que tout le prolétariat sera complètement organisé en Fédération nationale de métiers et Fédération internationale de tous les travailleurs. »

La proposition de Saint-Etienne obtient la priorité.

On vote sur cette proposition.

RÉSULTATS DU SCRUTIN

Non : Béziers, Dijon, Saint-Nazaire, Boulogne-sur-Seine, Paris.

Oui : Saint-Étienne, Cholet, Grenoble, Marseille, Roanne, Bordeaux, Alger, Toulouse, Montpellier, Nîmes, Angers, Lyon, Cognac, Le Puy, Nice.

Abstentions : Toulon, Boulogne-sur-Mer, Nantes, Rennes, Narbonne, Tours, Beauvais, Aix, Saumur.

Pour : 15; contre : 5; abstentions : 9.

En conséquence, la discussion sur la Grève générale est renvoyée au sixième Congrès corporatif.

Boulogne-sur-Seine, à l'appel de son nom, déclare s'abstenir, parce que le principe de la grève générale n'a pas été adopté et demande que sa déclaration soit enregistrée au procès-verbal.

Nantes fait la même déclaration.

Paris dépose un vœu tendant à ce que l'on fasse de l'agitation en faveur de la grève générale, afin que la question soit connue à fond au moment du sixième Congrès corporatif.

Lyon déclare qu'il serait dangereux de prendre position d'une façon ferme sur la question de la grève générale; il se rallie à l'amendement Mayeux et repousse celui de Martin.

Martin retire son vœu.

Roanne le reprend pour son compte.

Montpellier demande que l'on organise la grève générale par tous les moyens possibles, mais il engage cependant les délégués à prendre des notes à ce sujet pour se renseigner et permettre de se former une opinion d'après l'ensemble des idées émises, afin d'être bon juge de la question.

Toulouse fait un long discours concluant au vote sur le principe de la grève générale.

Cholet appuie les paroles du délégué de Toulouse et, sur une critique portée par un délégué contre les mandats, dit que lui, avant de l'accepter, a discuté son mandat avec la Bourse de Cholet.

Lyon déclare que si les mandats délivrés au Conseil fédéral étaient parvenus plus tôt aux citoyens de Lyon désignés pour représenter diverses localités, ceux-ci auraient pu étudier leurs mandats et se mettre en communication avec leurs mandataires.

Dijon fait remarquer qu'il a proposé le renvoi aux Fédérations de métiers, parce que dans sa ville on ne considère pas les organisations ouvrières comme prêtes à faire la grève générale.

Boulogne-sur-Mer appuie l'agitation en faveur de la grève générale.

Le Puy est de l'avis de Dijon.

La clôture de la discussion, mise aux voix, est prononcée.

Proposition d'Alger et de Dijon :

« Les Bourses du Travail d'Alger et de Dijon, demandent au Congrès d'émettre le vœu que les syndicats et les Bourses fassent de l'agitation en faveur de la grève générale. »

Proposition de Roanne :

« Proposition de mettre à l'étude des syndicats adhérents aux Bourses du Travail de France la question de la grève générale, pour la présenter au prochain Congrès ouvrier, et décide de faire de la propagande à ce sujet. »

La priorité est acquise à la proposition Alger-Dijon.

Le résultat du vote est le suivant :

VOTE SUR LE VŒU DES BOURSES ALGER-DIJON

Pour : Cholet, Grenoble, Marseille, Béziers, Alger, Dijon, Toulouse, Montpellier, Nîmes, Saint-Nazaire, Boulogne-sur-Mer, Boulogne-sur-Seine, Nantes, Saumur, Angers, Rennes, Toulon, Cognac, Aix, Beauvais, Nice, Le Puy, Tours, Paris.

Contre : Roanne, Lyon.

Abstentions : 5.

Roanne fait observer que, s'il a voté contre, il ne repousse pas l'idée de la grève générale, mais il demande que cette question soit mieux étudiée.

Tours demande une suspension d'un quart d'heure. — Cette proposition, mise aux voix, est repoussée.

SEPTIÈME SÉANCE

Jeudi 28 juin, matin

La séance est ouverte à 8 heures.

Président, Soulery, d'Alger; premier assesseur, Dubois, de Cholet; deuxième assesseur, Deloche, de Saint-Nazaire; secrétaire, F. Mathieu.

Lecture des procès-verbaux du 26 juin, soir, du 27 juin, matin, et 27 juin, soir. — Adoptés.

La discussion s'ouvre sur le Congrès de Nantes.

Congrès de Nantes

Marseille réfute longuement les rapports qui ont été faits par Nantes et Paris et donne lecture d'un procès-verbal inséré au *Bulletin de la Bourse de Paris,* qui n'a pas voulu admettre la Fédération nationale des Syndicats dans ses locaux, alors que l'on y a admis la Fédération du Bâtiment. Il donne également lecture d'un article du *Bulletin de Nantes* où il est dit que le Congrès des Bourses de Lyon est une réunion d'état-major et termine en proposant les conclusions du rapport qu'il a lu au début.

La clôture, mise aux voix, est prononcée.

Escach soulève un incident au sujet du laps de temps accordé aux orateurs; il rappelle que le Congrès, dans une précédente séance, a seulement accordé de parler pendant dix minutes aux orateurs.

Le président fait procéder à un vote sur la question. Le vote donne 10 voix pour et 10 voix contre, pour l'augmentation du laps de temps.

Farjat, délégué de Lyon, étudie les causes du conflit; il déclare qu'il peut le faire avec moins d'acrimonie que les représentants des villes directement intéressées; il dit que le Congrès actuel doit chercher un terrain d'union et dépose donc la proposition suivante :

« Considérant que l'union prolétarienne est indispensable; que depuis dix ans une organisation purement syndicale a cherché à réunir en un seul faisceau les forces ouvrières françaises en dehors de toutes sectes, sous le titre de Fédéra-

tion des Syndicats ouvriers de France ; que cette Fédération,
dans ses cinq Congrès : Montluçon, Bordeaux, Calais, Marseille, a invité et accepté tous les syndicats ouvriers qui ont
bien voulu se faire représenter ; invite Nantes à convoquer
tous les syndicats français à assister au Congrès syndical de
Nantes, en se servant du seul titre qui existe actuellement en
France, celui de Fédération nationale des Syndicats ouvriers
de France, certain que la Fédération des Bourses du Travail
de France n'a aucun intérêt à la disparition de la Fédération
syndicale, mais sent, au contraire l'absolue nécessité de la
fortifier.

« La Fédération des-Bourses, le Secrétariat national du
Travail, le Conseil national des Syndicats ouvriers, ainsi que
la Commission d'organisation de Nantes, devront de concert
inviter tous les syndicats de France à assister au grand Congrès ouvrier, qui alors aura le droit de parler au nom de l'ensemble du prolétariat français organisé. »

Cordier fait remarquer que Farjat, délégué de Lyon, vient
de remettre la question dans la véritable voie, alors que les
délégués de Marseille et de Bordeaux ont jusqu'à présent
parlé à côté de la question.

Le président fait circuler les conclusions de Lyon pour les
faire signer, lorsque le citoyen Dubois, délégué de Cholet,
fait remarquer que cette proposition demande que le sixième
Congrès à Nantes ait lieu sous le nom de Congrès de la Fédération nationale des Syndicats ouvriers de France.

Farjat procède à une seconde lecture de sa proposition.

Dijon veut bien accepter cette proposition, si l'on veut en
supprimer la note acrimonieuse concernant Paris.

Farjat accepte de rayer ce passage, si cela peut amener
l'union.

Cordier, Colombe et Escach déclarent être de l'avis de Dijon.
Ce dernier est satisfait de voir la question si heureusement
tranchée.

La plupart des délégués retirent les propositions qu'ils ont
déposées et acceptent avec plaisir celle du citoyen Farjat, de
Lyon.

Chappe, délégué de Marseille, fait, au nom de sa Bourse,
les déclarations suivantes :

« En présence de la proposition Farjat, il déclare qu'il n'a
pu, ayant mandat ferme, consulter les camarades de Marseille qui, certainement, se rallieront aux concessions faites

de part et d'autre ; mais il demande que seul figure le titre *Fédération nationale des Syndicats et groupes corporatifs ouvriers de France*. sans aucun sous-titre des autres organisations ; il admet néanmoins la signature de ces organisations et croit que Marseille acceptera cette proposition, de concert avec les centres organisateurs. »

Plusieurs délégués proposent de voter la proposition Farjat par acclamations.

Farjat, délégué de Lyon, relit sa proposition.

Martin demande que l'on retire le mot « la seule fédération nationale, etc. »

Farjat consent à retirer le mot « la seule ».

On procède au vote.

La proposition Farjat est adoptée à l'unanimité.

Le délégué de Montpellier, à l'appel de son nom, dit qu'il avait mission de voter pour Troyes, mais que devant l'union qui vient de se faire, il ne peut qu'accepter la proposition Farjat.

La séance est suspendue pendant demi-heure.

Reprise de la septième séance

Guiat, Toulon et Yvan demandent qu'avant d'aborder l'étude des vœux l'on entende la lecture du rapport de la Commission d'études ; cette proposition étant adoptée, Yvan, rapporteur, donne lecture du rapport suivant :

Rapport de la Commission d'études

Citoyens,

La Commission d'études que vous avez désignée pour étudier les propositions qui surgiraient au Congrès en dehors de son ordre du jour, après examen de la proposition des délégués de Montpellier et de Lyon, concernant le siège de la Fédération des Bourses du Travail, décide à l'unanimité de vous proposer son adoption.

Etant donnée l'importance que prendra la Fédération par l'extension des Bourses, il ne faudrait pas laisser croire aux villes que cette organisation a été créée pour être toujours dans les mains des travailleurs d'une même localité.

Nous croyons que par cette disposition la Fédération des Bourses reflèterait bien mieux la pensée de tous, ainsi que les besoins généraux du prolétariat, en passant par toutes les villes où successivement se tiendra le Congrès.

Ce moyen permettra d'initier nos camarades à l'administration de nos grandes organisations ouvrières; d'autre part, cela supprimerait une partie de la critique que des esprits plus ou moins larges pourraient soulever pour semer la division dans l'organisation.

Dans un but d'équité et de justice, la Commission d'études vous propose d'adopter les deux propositions, qui n'en font absolument qu'une.

Au sujet de la proposition du délégué de Paris, concernant la nomination des fonctionnaires de la Fédération, la Commission a décidé que cette proposition sera jointe à l'ordre du jour comme devant y figurer de droit.

Grenoble en approuve les conclusions.

Cordier croit que c'est dans la ville où doit avoir lieu le prochain Congrès que doit siéger le Conseil national, ou dans celle où a eu lieu le Congrès.

Guiat explique les raisons qui ont guidé les auteurs de la proposition qui a fait l'objet du rapport de la Commission d'études; il signale le danger qui existe de laisser continuellement centraliser entre les mains d'une ville unique l'administration de la Fédération nationale des Bourses du Travail; il dit que, actuellement d'ailleurs, Paris a fort à faire pour rentrer triomphant dans le local dont on a dépossédé sa Bourse.

Soulery, délégué d'Alger, traite la question de l'alimentation relativement à la représentation des corporations qui la composent dans les conseils des prud'hommes; il déclare que, moralement, la majorité de l'alimentation est partisan du projet Chausse, qui est très large et très démocratique, mais qui, pour cette raison, a peu de chance d'être accepté par les Chambres. L'alimentation est donc dans l'obligation de soutenir le projet de Lockroy, qui, sans lui donner complètement satisfaction, modifie pourtant la situation actuelle d'une façon avantageuse. Soulery invite donc le Congrès à soutenir les revendications de l'alimentation, pour l'aider à triompher du mauvais vouloir des législateurs, ce qui ne sera pas difficile, si derrière les corporations de l'alimentation il existe une force ouvrière capable de briser les résistances que certainement elles rencontreront dans leurs si modestes et si légitimes réclamations; pour cela, il propose l'organisation d'un vaste pétitionnement.

Le délégué de Montpellier soutient les dires et les conclusions d'Algér.

Cantan, délégué de Rennes, demande que les prud'hommes ouvriers prennent l'engagement, si la loi sur la prud'homie, mutilée par le Sénat, était votée telle à son retour à la Chambre des députés, de démissionner en masse et dans toute la France.

Rolet appuie énergiquement les idées émises par le délégué d'Alger et déclare que lors de son départ de Paris les conseillers prud'hommes ouvriers de Paris, réunis en séance plénière, lui ont donné mandat d'inviter les Bourses du Travail présentes au Congrès à inviter tous leurs adhérents à protester contre le projet du Sénat sur la loi des Conseils de prud'hommes. Il donne ensuite connaissance des principaux articles qui font l'objet de la protestation.

Toulon déclare appuyer fortement les déclarations faites par Alger.

Les conclusions d'Alger sont adoptées à l'unanimité.

Proposition de Marseille :

« Le Congrès des Bourses décide, par l'organe du Conseil fédéral, d'user de tous les moyens utiles et surtout de la voie du pétitionnement pour arriver à la suppression des bureaux de placement, surtout pour soustraire la femme à l'exploitation inique et inhumaine dont elle est victime de leur part. »

Proposition de Beauvais :

« Citoyens,

« La suppression des bureaux de placement est un des actes qui assureront le mieux l'émancipation matérielle d'abord, morale ensuite, et intellectuelle des corporations de l'alimentation.

« En conséquence, en attendant que la suppression des bureaux de placement soit un fait accompli, je viens demander aux délégués au Congrès des Bourses du Travail, qui sont l'émanation directe des syndicats ouvriers, de manifester leur solidarité en appuyant de toute leur énergie et de toutes leurs forces auprès des syndicats ouvriers qui font partie de leur Bourse respective, pour que les syndicats adhérents aux Bourses ne donnent pas de fêtes ou de réunions dans les établissements qui recrutent leur personnel chez les placeurs, tout au moins dans la mesure du possible, et d'agir de toute leur influence sur ces chefs d'établissement pour qu'ils s'adressent exclusivement aux bureaux de placement gratuits des Bourses du Travail dans les villes où il y en a de créées et où il y a des syndicats représentant les corporations qui sont victimes des bureaux de placement.

« Je demande en outre qu'au prochain Congrès des Bourses du Travail, la question des bureaux de placement soit à l'ordre du jour ainsi qu'au Congrès de Nantes. »

Cholet demande la suppression du travail dans les prisons.

Beauvais n'est pas de cet avis; il ne conçoit pas que des travailleurs puissent rester détenus pendant quatre ou cinq ans sans travailler, ils sortiraient abrutis.

Montpellier soutient cet avis; il dit qu'il vaut mieux supprimer le travail dans les couvents, ouvroirs, etc., et demande que le travail soit payé dans les prisons le même prix qu'au dehors, afin de ne pas faire concurrence aux ouvriers libres.

Colomb est de cet avis, mais il voudrait que les détenus ne soient pas occupés aux travaux qui sont la spécialité de certaines villes; il est d'avis qu'ils devraient être employés aux travaux des champs.

Nîmes est également de cet avis; il cite le cas d'un entrepreneur de prisons de Nîmes qui, n'ayant pas de travail à fournir à ses prisonniers et ne voulant pas qu'ils lui restent à charge sans travailler, s'est entendu avec les patrons cordonniers de Nîmes et, depuis cette époque, la totalité des ouvriers cordonniers de Nîmes est sur le pavé.

Proposition de Boulogne-sur-Mer :

« Suppression du travail dans les prisons.

« Considérant qu'il est indigne que la société, ayant le droit de punir les individus qui sont mis hors la loi, se serve de ces individus pour chercher à en tirer un profit incertain, en faisant tort à tous les honnêtes travailleurs,

« Considérant en outre que le même trafic se produit dans les couvents et ouvroirs, sous le couvert de la charité, .

« Demande la rétribution équivalente dans les prisons et ouvroirs à celle des ouvriers libres. »

Alger dit que sa ville se trouve dans d'autres conditions que les autres villes françaises; il fait remarquer que les prisons sont bondées d'indigènes et que ceux-ci ne sont pas sitôt libérés qu'ils s'empressent de commettre un méfait pour vite y retourner, assurés qu'ils sont d'y trouver la pâtée et l'abri.

Il fait l'historique de la colonisation de l'Algérie et conclut en disant que si le gouvernement avait voulu faire de la colonisation, l'Algérie, au lieu de manger l'argent de la France, pourrait largement se suffire et même rapporter au budget au lieu de le grever.

Il dépose le vœu suivant :

« Que la main-d'œuvre pénitentiaire soit employée à défricher les terrains arides, ce qui permettrait de créer des centres agricoles. »

Proposition de Montpellier :

« Le Congrès décide qu'une propagande active sera faite aussi en faveur de la suppression du travail dans les couvents ou ouvroirs, attendu que ces établissements n'ont aucun droit d'enlever le travail aux ouvriers ou ouvrières qui ne partagent pas les idées des gérants de ces établissements. »

Proposition de Cholet :

« Le Congrès décide qu'une propagande active sera faite pour la suppression du travail dans les prisons au compte des adjudicataires et que ce travail sera fait au compte de l'État. »

Proposition de Roanne :

« La Bourse de Roanne propose que le Congrès émette le vœu que les Commissions départementales d'hygiène s'occupent plus sérieusement de l'hygiène dans les ateliers et usines, car il est vraiment impossible aux ouvriers de plusieurs villes de pouvoir continuer à travailler dans les conditions actuelles, et demande que le Comité fédéral porte la question devant le ministre compétent et l'appuie de toutes ses forces. »

Proposition de Bordeaux :

« Le citoyen Émile Noël, délégué de Bordeaux, propose au Congrès d'émettre un vœu tendant à demander la mise en régie de tous les travaux communaux, départementaux ou autres, et renvoie, pour étude plus complète, la proposition au Congrès des Chambres syndicales directement intéressées. »

Ce vœu est adopté. .

Besançon demande la personnalité civile des syndicats et développe les raisons qui la motivent. — Adopté.

Angers, Saumur, Nantes et Rennes déposent la proposition suivante :

« Au nom des Bourses du Travail de Saumur, Nantes, Rennes et Angers, nous demandons que le Congrès émette le vœu de l'abrogation de la loi de 1872 sur l'Internationale. » — Adopté.

Proposition de Paris sur une question qui n'est pas à l'ordre du jour :

« Le Congrès, avant de se séparer, nommera les quatre délégués effectifs et les quatre délégués supplémentaires représentant la Fédération des Bourses du Travail au Secrétariat national du Travail. »

Gérard, de Grenoble, demande que les anciens délégués au Secrétariat du Conseil national fédéral rendent des comptes de gestion.

Martin dit que cela regarde le trésorier.

Saint-Etienne croyait que le Secrétariat national était mort et enterré, mais, puisqu'il donne signe de vie, il demande au citoyen Martin de donner les noms qu'il a apportés.

Après une longue discussion entre divers délégués, sont acceptés : citoyenne Boneviale, citoyens Rossignol, Deschamps, Pictrin, qui sont élus délégués au Secrétariat national du Travail pour un an.

Sont nommés délégués suppléants au même Secrétariat : Abriol, Ducousseau, Camescasse, Crépin.

Proposition de Saint-Nazaire :

« 1° Organisation d'une Fédération régionale de Bourses;

« 2° Création d'une caisse régionale de grèves, cette création étant corollaire de la Fédération régionale des Bourses. »

Proposition de Nîmes :

« La Bourse du Travail de Nîmes demande le service médical gratuit, comme étant un devoir incombant à la société, qui doit assistance à tout individu qui a lui-même produit pour cette dite société tout ce qu'il a pu quand il se trouvait en possession de ses forces physiques.

« En conséquence, la Bourse de Nîmes propose que cette question soit étudiée dans les prochains Congrès. »

Proposition de Lyon :

« La Bourse du Travail de Lyon, sur les vœux inscrits quatrième et cinquième à l'ordre du jour, propose la reconnaissance de la personnalité civile aux syndicats et l'abrogation des articles 414 et 415 du Code civil. »

Proposition de Toulon :

La Bourse du Travail de Toulon émet le vœu suivant, pour être ajouté aux vœux émis par les délégués au Congrès des Bourses du Travail de Lyon :

« Création d'une Caisse des Invalides du travail, sans toucher aux salaires des travailleurs; c'est-à-dire que cette Caisse de retraites soit alimentée par un impôt spécial sur les revenus de la grande propriété. »

Proposition de Bordeaux :

« Les délégués au Congrès des Bourses du Travail de Lyon, en terminant les travaux dudit Congrès, engagent toutes les organisations syndicales à faire preuve d'énergie pour assurer l'application complète, dans toutes leurs considérations, des décisions prises; leur recommandent l'union et la concorde, qui seules donneront au prolétariat universel la force nécessaire pour accomplir l'œuvre d'émancipation sociale entreprise. »

Cholet demande que les délégués au Secrétariat national assistent plus régulièrement aux séances, et que les intéressés agissent en conséquence pour avoir constamment des rapports avec les délégués.

Le citoyen Yvan clôt le Congrès par un discours et termine aux cris de : *Vive la République! Vive la Révolution sociale!*

Le délégué d'Alger invite tous les délégués présents à faire venir leurs syndicats au Congrès de Nantes.

La séance est levée 4 heures.

Le Président de séance,   *Le Secrétaire,*

SOULERY,   F. MATHIEU.

Délégué d'Alger.

G. Berthoumieu, 20, rue de la Colombette, Toulouse.

www.ingramcontent.com/pod-product-compliance
Lightning Source LLC
Chambersburg PA
CBHW070749220326
41520CB00053B/3503